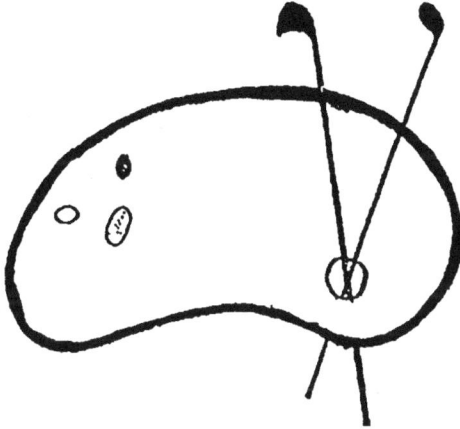

DEBUT D'UNE SERIE DE DOCUMENTS
EN COULEUR

ÉTUDES SUR L'AME

ET SUR LE LIBRE ARBITRE

DIALOGUE

ENTRE

UN PROFESSEUR ET SON ÉLÈVE

PAR

Alphonse CAHAGNET

Auteur des *Arcanes de la vie future dévoilés*, etc.

PRIX : **1** FRANC

PARIS

CHEZ L'AUTEUR, ROUTE DE BEZONS A ARGENTEUIL

ET A LA

LIBRAIRIE SCIENTIFICO-PSYCHOLOGIQUE

Rue des Petits-Champs, 5, passage des Deux-Pavillons.

1879

OUVRAGES DE L'AUTEUR

SE TROUVANT AUX MÊMES ADRESSES

PREMIÈRE PARTIE

TRAITANT DE PSYCHOLOGIE, DE MAGNÉTISME, DE SPIRITUALISME, DE MAGIE, DES WEDENBORGIANISME, DE L'EXISTENCE D'OUTRE-TOMBE, DES VERTUS MÉDICINALES DES PLANTES LES PLUS USUELLES, le tout formant............ 17 volumes.
Brochures....................... 3

Ouvrages dont plusieurs ont eu deux éditions, et ont été traduits en Allemagne, en Angleterre et en Amérique.
Beaucoup sont épuisés.

DEUXIÈME PARTIE

TRAITANT DE PHILOSOPHIE RATIONELLE

Lumière des Morts, 1 volume............ 5f »
Méditations d'un Penseur, 2 vol......... 10 »
Études sur l'homme, 1 brochure... ..... 1 »
Études sur le Matérialisme et le Spiri-
tualisme, brochure.................. 0 75
Force et Matière, appréciation de cet ou-
vrage, brochure.................... 0 75

PRÊT A PARAITRE :

Cosmogonie et Anthropologie; ou Dieu, la terre et l'homme. Expliqués par analogie; 1 volume.

Paris, imprimerie JULIOT, rue de Vaugirard, 320. — Maison à Tours.

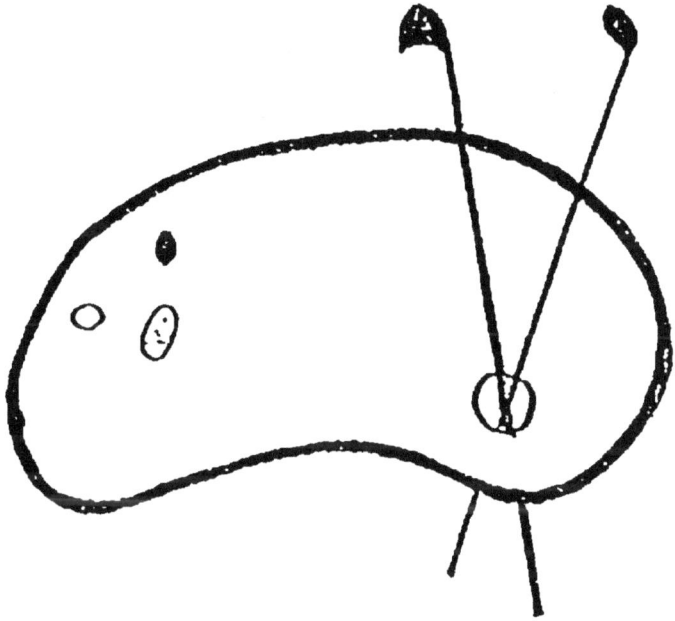

FIN D'UNE SERIE DE DOCUMENTS
EN COULEUR

ÉTUDES SUR L'AME

ET SUR LE LIBRE ARBITRE

ÉTUDES SUR L'AME

ET SUR LE LIBRE ARBITRE

———

DIALOGUE

ENTRE

UN PROFESSEUR ET SON ÉLÈVE

PAR

Alphonse CAHAGNET

Auteur des *Arcanes de la vie future dévoilés*, etc.

———

PARIS

CHEZ L'AUTEUR, ROUTE DE BEZONS A ARGENTEUIL

ET A LA

LIBRAIRIE SCIENTIFICO-PSYCHOLOGIQUE

Rue des Petits-Champs, 5, passage des Deux-Pavillons.

—

1879

ÉTUDES SUR L'AME

Dialogue entre un Professeur et son Élève.

LE PROFESSEUR.

Vingt fois nous avons médité l'importante question de l'existence de l'âme, vingt fois nous avons
voulu en traiter par écrit afin de satisfaire en tous
les temps nos recherches sur ce sujet (à défaut de
mémoire), et, à chaque étude faite par nous, écrite
ou non, nous avons toujours eu quelque chose à
désirer en vue d'une complète satisfaction d'avoir
touché juste. Serons-nous plus heureux aujourd'hui?
nous l'ignorons, entrons en matière.

L'ÉLÈVE.

Existe-t-il vraiment une âme, un point moteur et
directeur de la machine humaine?...

LE PROFESSEUR.

Oui, puisque cette machine est le produit d'un
germe qui contient ce moteur et que ce dernier est
ce que l'on nomme une âme !

L'ÉLÈVE.

A quoi ou à qui est due la première vibration de ce germe, de ce moteur, de cette âme enfin ?... Est-ce à cette sensation attractive et amoureuse que nous éprouvons au contact de la femme ? S'il en est ainsi, qui ou quoi produit cette sensation attractive ?...

LE PROFESSEUR.

Nous devons penser qu'elle est produite par les animalcules séminaux, qui désirent se rapprocher des frères et des sœurs, qui sont, comme eux, enfermés dans les réservoirs que la femme contient comme l'homme !

L'ÉLÈVE.

Que sont ces animalcules séminaux ?

LE PROFESSEUR.

Ils ne peuvent être que les ouvriers destinés à construire l'édifice humain matériel.

L'ÉLÈVE.

Quelle entente ont-ils entre eux à cet effet ?
Quelle est leur organisation ?

Comment sont-ils groupés ?
Par qui sont-ils dirigés ?

LE PROFESSEUR.

Ces questions offrent de si grandes difficultés à
être résolues logiquement et mathématiquement,
qu'il nous paraît être plus sage et plus prudent de
nous en tenir aux analogies,... à prendre pour
base d'étude en ce genre les moyens, par exemple,
qu'emploie la nature dans les productions du règne
végétal.... En effet, comment s'y prend la nature
dans cette circonstance ? Nous confions à la terre
des semences, soit en graines, en oignons, en reboutures, etc., qu'elle nous rend soit en arbustes, en
fleurs ou en arbres, etc. Comment ce phénomène
s'opère-t-il ? Il ne peut s'opérer que par des grou-
pages d'atômes invisibles, qu'attirent ceux conte-
nus dans ces graines, ces oignons, ces reboutures,
afin de dessiner et de revêtir les formes qu'ils offrent à nos yeux dans leur complète éclosion.

L'ÉLÈVE.

Qu'est cette attraction ?
Que sont les lois qui régissent ce travail ?
Qui a fait ces lois ?

1.

Qui les applique et les conserve éternellement telles que nous les voyons ; être ?...

LE PROFESSEUR.

Cette attraction est, nous le pensons, la volonté qu'ont ces atômes de se joindre à d'autres atômes de leur espèce,... pour employer une appellation convenant mieux au sujet que nous traitons, nous nommerons ces atômes *corpuscules*. Vu que si divisées que soient les substances dont est formé tout ce que voient nos yeux et tout ce que peuvent apprécier nos sens, il est reconnu qu'elles possèdent la vie en elles ;... la vie ne peut être admise par nous sans la croire être composée et animée de pensées, pensées ayant en elles le mouvement, le savoir se joindre et se souder en vue de composer les formes qu'elles sont appelées à produire !... S'il en est ainsi : *il n'en peut guère être autrement*, le nom de corpuscule convient donc mieux aux parties divisées à l'infini de la nature que celui d'atôme, en ce qu'un corpuscule représente un être quelconque qui pense, se meut, sait ce qu'il doit faire et produire ; les fractions des substances qui composent la nature, tant à l'état invisible que visible, étant ainsi nommées, notre étude devient plus facile à faire, et nous conduit à dire que l'attraction comme la répulsion entre toutes les fractions corpusculaires ne sont autre qu'un désir de ces mêmes corpuscules de se joindre entre eux ou de se fuir ;... l'ordre et les lois qui président à leur groupage sont du ressort de l'inconnu.... Il doit nous suffire de voir que les formes sont toujours les mêmes, selon les espèces,... que les puissances qu'elles renferment sont toujours actives, et que les heures de leur éclosion comme de leur décrépitude sont inscrites sur le cadran universel et éternel de la nature par une pensée mère qu'il ne nous est pas donné de définir, mais qui s'impose assez à notre esprit pour l'admettre,... l'admirer et la respecter !

L'ÉLÈVE.

Qui les conserve ce que nous les voyons éternellement être?

LE PROFESSEUR.

Nous ne voyons à cet effet que leur propre reproduction qui peut les perpétuer ainsi, c'est une espèce de *palingénésie,* qui les fait renaître d'eux-même et rentrer à nouveau en scène matériellement comme nous le voyons.

L'ÉLÈVE.

Où ces corpuscules créateurs ou décorateurs prennent-ils eux-mêmes leur forme ?

LE PROFESSEUR.

Ils la prennent dans une substance invisible à notre optique substance, composée elle-même de d'autres animalcules qui se groupent à eux à cet effet. Pour nous rendre compte de ce sublime travail, regardons dans toutes nos opérations chimiques, comment les matières sur lesquelles nous opérons passent par le secours de nos foyers, ou de nos acides, de l'état matériel à l'état éthérisé;... de l'état le plus visible à celui le plus invisible;... de l'état le plus saisissable à celui le plus insaisissable. Il doit en être ainsi pour les enfantements, dirons-nous de la nature, agissant par ses ouvriers corpusculaires, qui sont formés eux-mêmes d'autres corpuscules insaisissables à nos sens.

Quand nous voulons réduire un morceau de cuivre, par exemple, en sel, ce sel en eau, et reformer notre cuivre, nous mettons ce métal dans un acide, dans un dissolvant, un ennemi enfin, qui fait se disjoindre tous les corpuscules qui le composent et les fait se précipiter en sel,... mettant ce sel fondre dans un verre d'eau : chacun des corpuscules qui le composent ayant reçu un surcroît de feu par le contact de l'acide qui la disjoint de son groupe, dépose alors dans l'eau ce surcroît de feu et ne fait plus qu'un corps avec elle;... mais qu'on introduise dans çette eau un autre métal attenant à une pile, chaque corpuscule, — épars dirons-nous, — dans cette eau accourera aussitôt se joindre à ce métal avec lequel il a de l'affinité, et se regroupera à nouveau redevenant cuivre comme il était avant de passer par l'état de sel.... Ce simple travail est celui de toutes les productions de la nature, il se résume en ces mots : jonction et disjonction de corpuscules invisibles qui, par ce moyen, deviennent visibles ; mais ajoutons : *Corpuscules qui savent ce qu'ils font.*

L'ÉLÈVE.

Dans tout cela on ne voit que des travailleurs, où sont leurs conducteurs ?

LE PROFESSEUR.

Ils sont dans leur germe, et dans leur forme.

L'ÉLÈVE.

Nous ne voyons que la forme et non l'être dans le germe.

LE PROFESSEUR.

Pouvez-vous admettre qu'en mécanique, les rouages puissent marcher sans le secours d'un moteur quelconque?... non, assurément. Eh! bien, il en est ainsi de la mécanique humaine;... il nous faut admettre que son moteur est enfermé dans le germe, qui l'a faite ce qu'elle est.

L'ÉLÈVE.

Lorsque ce présumé moteur vient à être disjoint de la mécanique humaine par la mort de celle-ci, que devient-il?

LE PROFESSEUR.

Il devient ce qu'il était avant de la construire;... il agit comme la feuille, détachée de l'arbre par l'automne, qui y repousse au printemps;... ce moteur réassemble autour de lui de nouveaux moyens d'être nécessaires au nouvel état dans lequel il entre?... ne pouvant nier que le moteur, le conducteur, l'individualité, l'âme, enfin, est dans le germe de la chose que nous voyons, soit dans sa forme interne ou externe, peu importe, nous devons admettre que sa conservation est dans ses successions de changement d'état, comme la mémoire *de son moi* est dans l'œuvre qu'elle continue dans les états dans lesquels ce moi vit successivement.... Ainsi donc, si nous ne pouvons nous faire une idée saisissable de l'*âme*, de ce premier corpuscule invisible des êtres en général, de ce premier travailleur à la reproduction de notre espèce, nous sommes cependant obligés d'avouer que sans lui la reproduction des êtres en général cesserait d'exister matériellement, par conséquent le travail existant, l'être, agent premier de ce travail, existe également.... Voilà l'*âme*. Il est vrai que le germ.e de tout être étant réduit à sa simple individualité ne pourrait produire ce qu'il produit sans le secours d'autres germes de son espèce.... D'autres germes (ou corpuscules ce qui est tout un) se joignent donc à lui dans l'état matériel pour produire la forme qu'il offre à nos yeux ?

L'ÉLÈVE.

Devons-nous en inférer que ce sont ces germes qui font l'être ce qu'il est?

LE PROFESSEUR.

Oui, dans la forme matérielle qu'ils dessinent en commun; mais nous devons admettre que le germe de chaque être préexistant à ce groupage doit lui survivre de la même manière qu'avant; pénétrons-nous bien que chacun de ces germes travaillant à la construction matérielle de l'édifice humain est un *moi*, est une *indestructible* individualité; mais dans son groupage pour produire les formes matérielles, s'il ne perd nullement son individualité, il ne l'aliène pas moins au profit de celle collective, comme tout membre d'une nation aliène la sienne en faveur de cette nation, sans cependant cesser d'être lui et de porter son nom propre.... Cette individualité aliénant ainsi sa liberté, disons-nous, le fait par des conventions auxquelles elle souscrit.... Conventions qui sont des lois qu'elle fait et auxquelles elle obéit.... Conventions qui sont des charges en vue de régler l'apport de chacun.... Mais elle n'en reste pas moins elle. L'âme proprement dite de chaque être n'est donc pas quelque chose absolument *un* : elle est un composé d'autres agents moteurs comme elle,... agents composant, dirigeant, entretenant et commandant des viscères chez l'homme aux autres organes qui le composent, et de la charpente osseuse aux papilles adipeuses de la forme en général (1). La vouloir être autre, c'est rentrer dans l'inexplicable !... l'âme est le point excitateur de l'existence individuelle ;... l'âme est un composé de pensées groupées par l'intelligence des intelligences, dans le but de manifestations *éternelles* ;... la forme et les manières d'être de son corps matériel ne sont composées que de pensées (que nous avons nommées corpuscules).

Sa parole n'est qu'un échos du déplacement des dites pensées.

(1) Voir nos révélations d'outre-tombe : *Sanctuaire du spiritualisme, etc.*

Son mouvement est de même un déplacement des différents groupes des pensées qui forment toutes les parties de son corps.

Les pensées sont elles-mêmes pleines d'autres pensées.

Il n'y a donc que des pensées d'existant, se mouvant, pensant et constituant par ce fait le mouvement et la vie en toutes choses !

L'univers n'est lui-même composé que de pensées qui se groupent et se succèdent les unes aux autres, sous l'apparence de substances diverses.

L'ÉLÈVE.

Que sont ces pensées ? Qu'est leur forme ?

LE PROFESSEUR.

Ces pensées sont des êtres : des corpuscules composant, comme je viens de le dire, le grand corps de la nature, visible et invisible. Ce sont, je le répète, des êtres infiniment petits formant de grands êtres, par l'étendue de leur groupage !... leurs formes (je mets ce mot au pluriel) *sont inarrêtées en ce qu'elles en changent selon leur jonction avec d'autres pensées modifiant celles présentes.* Mais généralement elles portent la forme de l'objet qu'elles représentent à notre optique interne, pour servir de modèle aux choses des créations humaines.... Elles sont perçues en premier lieu matériellement sous les formes nommées *monades*, *volvox*, *vibrion*, *protée*, *polype*, *vorticelle*, *ratifère*, etc., noms changeant par leur groupage et prenant ceux d'*atômes*, de *corpuscules*, de *molécules* et de *corps composés*.... Voilà l'âme comme nous la comprenons et l'admettons, âme composant la matière et l'Esprit : notre grand poète, Lamartine, ne la comprenait pas autrement, jugez-en par ces beaux vers, empruntés à *Jocelyn*.

> Partout chaque atome est un être :
> Chaque globe d'air est un monde habité !
> Chaque monde y régit d'autres mondes peut-être,
> Pour qui l'éclair qui passe est une éternité :
> Dans leur lueur de temps, dans leur goutte d'espace,
> Ils ont leur jour, leur nuit, leur destin et leur place :
> La pensée et la vie y circulent à flots,
> Et pendant que notre œil se perd dans cette extase,
> Des milliers d'univers ont accompli leur phase
> Entre la pensée et le mot !...

Permettez-moi d'appuyer cette définition du grand poète, par les observations suivantes que je trouve sur ce sujet dans l'ouvrage ayant pour titre : *de la Pluparité des Mondes*, par Camille Flammarion, 5e édition, page 143. « L'atome de poussière qui se balance dans un rayon de soleil est tout un petit monde, peuplé d'une multitude d'êtres agissant.... la vie est partout ? »

Page 145. « Mais depuis ce temps le microscope est venu ouvrir la porte de la vie cachée, nous sommes entrés et nous faisons maintenant de longs et intéressants voyages dans des pays d'un millimètre carré. Leuwenhœck a montré que mille millions d'infusoirs découverts dans l'eau commune par la vision microscopique ne forment pas une masse aussi volumineuse que celle d'un grain de sable ou d'un ciron. »

« Sir John Herschel, plaçant une petite goutte d'eau sur un cristal oblique, au foyer d'un microscope solaire, qui donnait à cette gouttelette un diamètre apparent de douze pieds, put observer une population immense d'animalcules de toutes grandeurs ; population si compacte parfois, que dans toute cette étendue de douze pieds il eut été impossible de placer la pointe d'une aiguille sur un seul endroit inoccupé.... Ces éphémères naissent pour quelques minutes? Nos heures leur seraient des siècles.... En allant plus loin, nous observons dans un pouce cube de tripoli quarante millions de galionelles fossiles, plus loin encore, nous découvrons dans un même volume analogue jusqu'à 10,000,000 de carapaces ferrugineuses fossiles, » ce qui nous montre que les règnes minéral et végétal ne sont pas autrement composés que le règne animal. Le même auteur, dans la traduction anglaise des *Derniers jours d'un Philosophe*, par sir *Humphry*

Davy, cite le passage suivant qui prouve que le très-savant chimiste anglais ne s'est pas arrêté aux manipulations des substances chimiques, mais qu'il a voulu connaître leurs propriétés, ce qu'il fit par l'absorption du *deutoxide d'azote* qui le plongea dans un tel état, qu'il répondit aux amis qui avaient désiré être témoins de cette expérience et qui le questionnèrent sur ce qu'il avait vu ou apprécié dans cet état, que *tout dans la nature n'était qu'un composé de pensées et de sensations.* Ce savant, jeune alors, pensait autrement de la constitution de la matière; aussi sommes-nous heureux de le retrouver dans un âge plus avancé, écrivant les paroles suivantes : « L'existence humaine peut être regardée comme le type d'une vie infinie et immortelle, et sa composition successive de sommeil et de rêves pourrait certainement nous offrir une image approchée de la succession de naissances et de morts dont la vie éternelle est composée. »

Voici l'opinion de Victor Hugo, notre grand philosophe spiritualiste, sur cette question prise dans son sublime ouvrage ayant pour titre : *les Travailleurs de la Mer.* Page 26. « Le corps humain pourrait bien n'être qu'une apparence,... il cache une réalité,... il s'épaissit sur notre lumière ou sur notre ombre;... la réalité, c'est l'âme ! A parler absolument, notre visage est un masque;... le vrai homme, c'est ce qui est sous l'homme. Si l'on apercevait cet homme, là, tapis et abrité derrière cette illusion qu'on nomme la chair, on aurait plus d'une surprise.... L'erreur commune, c'est de prendre l'être extérieur pour l'être réel, etc. »

Je ne peux oublier de citer cette belle observation des Canadiens, sur l'âme, observation que j'emprunte au grand ouvrage ayant pour titre : *Cérémonies et coutumes religieuses de tous les peuples du monde,* par une société de savants, 1783, tome 1er, ouvrage en quatre volumes in-folio.

DISCOURS TENU A UN MORT AU CANADA.

Le corps est assis et habillé comme s'il était vivant ; on lui adresse plusieurs discours et celui-ci particulièrement.

« Te voilà assis avec nous ; tu as la même figure que nous, il ne te manque ni bras, ni tête, ni jambes ; cependant tu as cessé d'être, et tu commence à t'évaporer comme la fumée de cette pipe. Qui est-ce qui nous parlait il y a deux jours ?... Ce n'est pas toi, car tu nous parlerais encore ; il faut donc que ce soit ton âme qui est à présent dans le grand pays des âmes, avec celles de notre nation.... Ton corps, que nous voyons ici, sera dans six mois ce qu'il était il y a deux cents ans ;... tu ne sens rien,... tu ne vois rien, parce que tu n'es rien.... Cependant, à cause de l'amitié que nous te portions lorsque l'esprit t'animait, nous te donnons des marques de notre vénération ! » Il y a bien des savants chez nous qui ne tiendraient pas ce profond langage devant un mort !

Revenons à notre étude sur les corpuscules qui sont tout ce qui est, en consultant quelques savants plus humbles que ceux qui n'observent quoi que ce soit. Voyons ce que pense Michelet dans son intéressant et érudit ouvrage ayant pour titre : *la Mer*, article l'atome, page 125.

Un pêcheur m'avait un jour donné le fond de son filet, trois créatures, presque mourantes, un oursin, une étoile de mer et une autre étoile, une jolie ophiure, qui agitait encore et perdit bientôt ses bras délicats, je leur donnai de l'eau de mer, et les oubliai deux jours, occupé par d'autres soins. — Quand j'y revins, tout était mort ! rien n'était reconnaissable, la scène était renouvelée.

Une pellicule épaisse et gélatineuse s'était formée à la surface, j'en pris un atome au bout d'une aiguille, et l'atome sous le microscope me montra ceci : Un tourbillon d'animaux courts et forts, trapus, ardents (des kolpodes), allaient, venaient, ivres de vie, j'oserai dire ravis d'être nés, faisant leur fête de naissance par une étrange bacchanale ; au second plan fourmillaient de tous petits serpenteaux ou anguilles microscopiques, qui nageaient moins qu'ils ne vibraient pour se darder en avant

(on les nomme vibrions); las d'un si grand mouvement, l'œil cependant remarquait bientôt que tout
n'était pas mobile, il y avait des vibrions encore raides qui ne vibraient pas, il y en avait
de liés entre eux, enlacés, groupés en grappes,
en essains, qui ne s'étaient pas détachés et qui
avaient l'air d'attendre le moment de la déli-
vrance.... Dans cette fermentation vivante d'êtres
immobiles encore se ruait, rageait, fourrageait la
meute désordonnée de ces gras trapus (les kolpodes)
qui semblaient en faire pâture, s'en régaler, s'y en-
graisser, vivre là à discrétion.... Notez que ce grand
spectacle se déployait dans l'enceinte d'un atome
pris à la pointe d'une aiguille sur la pellicule; combien de scènes pareilles auraient offerts cet océan
gélatineux, si promptement venus sur la vase ! Le
temps avait été merveilleusement mis à profit. Les
mourants ou morts, de leur vie échappée, avaient sur
le champ fait un monde ; pour trois animaux perdus
j'en avais gagné des millions. Ceux-ci, si jeunes et
si vivants, emportés d'un mouvement si violent, si
absorbant d'une vraie furie de vivre ! »

Nous trouvons dans l'abrégé du bel ouvrage du
savant Pouchet, ayant pour titre : *l'Univers*, entre
mille citations de ce genre, cette appréciation sur
les corpuscules dont nous traitons. (Voir page 14.)
« Ces corpuscules vivants qui pullulent dans les plus
transparentes régions de l'océan, abondent égale-

ment dans les eaux limoneuses de nos fleuves et de nos étangs, et sans nous en apercevoir nous en engloutissons chaque jour des myriades avec nos boissons ; si, l'œil armé du microscope, nous scrutons tout ce que contient parfois une seule goutte d'eau, il y aurait de quoi effrayer bien des gens. »

Page 17. « Dans le nord de l'Amérique, on découvre de ces assises animées qui ont jusqu'à vingt pieds de profondeur. Dans les bruyères de Lunebourg, il en existe de quarante ; la ville de Berlin est bâtie sur un banc d'animalcules, qui dépasse même trois fois ces dernières en puissance; tout cela tient du prodige. Les êtres microscopiques dont il est question ici sont d'une telle ténuité, qu'on pourrait en aligner 10,000 sur l'étendue d'un pouce, et que le poids de chacun d'eux équivaut à peine à la millionième partie d'un milligramme, car on a calculé qu'il en faut 111,150,000 pour faire un gramme. »

J'ai dit que notre sang était composé de touristes, je me trouve être appuyé dans cette proposition par le savant naturaliste Wilfrid de Fonvielle qui, dans son intéressant ouvrage ayant pour titre : *Merveilles du Monde invisible*, s'exprime ainsi qu'il suit sur la nature du sang :

Page 137. « Nous verrons que chez l'homme les globules (sanguins) sont construits en forme de gâteaux à bords arrondis, légèrement évidés vers les

centres; ce sont de petites masses gélatineuses, aglu-
tinées autour d'une partie centrale plus résistante.
La nature de ces corps dont la multitude est incal-
culable n'est même point encore déterminée d'une
manière définitive; il y a des anatomistes.qui pré-
tendent que chacune de ces molécules doit être
considérée comme un animal doué d'une certaine
dose de personnalité, susceptible de certaines sensations confuses; quoi de plus merveilleux s'il en
était ainsi? il faudrait admettre que nos veines sont
habitées par plus d'animaux qu'on ne trouverait
d'hommes à la surface de la terre. Ces milliards
d'êtres auraient-ils quelque chose de notre raison;
sont-ils aux autres nomades ce que nous sommes
aux mammifères? »

J'ose répondre à cette profonde question, oui, ils
ont quelque chose de notre raison, puisqu'ils la
constituent, oui, ces globules, touristes sanguins,
sont des êtres qui aident pour leur part aux loco-
motions comme aux phases diverses de notre existence.

Revenons pour terminer ces observations à Michelet, et voyons dans son instructif ouvrage ayant
pour titre : *l'Insecte*, page 14, ce qu'il répond dans
l'article le *microscope* à sa demande : l'insecte a-t-il
une physionomie? il répond :

« Armé de ce sixième sens que l'homme vient
d'acquérir, je puis, à ma volonté, marcher dans

l'une ou l'autre vie, il ne tient qu'à moi de suivre, d'atteindre et de calculer des mondes, de graviter avec eux par leurs orbites immenses ; mais je me sens plus particulièrement attiré vers l'autre abîme, celui de l'infiniment petit, j'entrevois dans ces atomes une immensité d'énergie qui me charme et qui m'émerveille. Moi-même, ne suis-je pas un atome ? Ni Jupiter, ni Syrius, ces énormes globes si loin de moi, si peu en rapport avec moi, ne m'apprendront le secret de l'existence terrestre. Ceux-ci, au contraire, m'entourent, me pressent et me servent ou me nuisent. S'ils ne me sont pas semblables, ils me sont associés, fatalement associés, et je ne peux pas les fuir ; plusieurs vivent dans l'air que j'aspire ; que dis-je ? dans mes liquides, au-dedans de moi. J'ai donc intérêt à les connaître, mais mon intérêt souverain est d'échapper à ma triste et misérable ignorance, de ne pas sortir de ce monde sans avoir entrevu l'infini. »

Hélas ! mon ami, tous les hommes devraient se faire ce sage raisonnement : plus l'étude serait laborieuse, plus elle les forcerait à admirer le savoir et la puissance de l'inconnu qui a créé cette poussière vitale, et surtout cet imperceptible atome qui couvre son chef d'une triple couronne, se disant être fait à l'image et le représentant de cet incompréhensible constructeur de mondes et de ce foyer de toute vie.

L'ÉLÈVE.

Ces curieuses citations viennent assurément à
l'appui de vos propositions, mais je vous demanderai à nouveau : Que deviendra cette âme lorsque son
corps matériel entrera en décomposition?

LE PROFESSEUR.

Je vous répète qu'elle deviendra ce qu'elle était
avant ce travail. Semblable à la fleur et à la graine
détachée d'une plante quelconque, qui se relèvent
l'année suivante pour recommencer même chose,
l'âme ne peut se soustraire à cette loi.

L'ÉLÈVE.

D'où vient cette âme, ou, pour partager votre
manière de l'envisager, d'où viennent ces âmes ?

LE PROFESSEUR.

Elles viennent de l'inconnu et baignent dans lui ;
mais leurs lieux de manifestation sont infinis ; les
espaces et les globes sont leurs ateliers, contenant et
leur labeur et leur repos.... Arrêtons là notre étude
sur elles, et concluons avec Emmanuel Swedeu-
borg, Buffon et tous les savants qui ont étudié cette
question, en disant que l'anéantissement de la

moindre parcelle de la matière étant impossible, par
conséquent, la mort n'est qu'un changement d'atelier, pour tout ce qui paraît et disparaît à notre
optique. Ajoutons en plus que l'âme étant suivie
dans ce travail par certains groupes de pensées qui
l'ont aidée dans ses principaux états, pensées qui
constituent sa mémoire, elle opèrera de la même
manière avec elles selon les exigences de son nouvel
état. Cette mémoire, et les pensées précitées (ce qui
ne fait qu'un), étant inséparable d'elle, lui servira à
fouiller dans son passé pour en prendre le bon et
en laisser le mauvais, pour adoucir et enrichir son
domaine de désirs plus simples et plus profitables à
la paix, à l'ensemble et à l'harmonie de son existence..... Cette preuve nous est acquise depuis près
de quarante années que nous en faisons l'étude,
dans les évocations d'âmes ayant habité la terre !
âmes avec lesquelles nous entrons en rapport par le
secours de sujets mis en somnambulisme magnéti-
quement. Vouloir en connaître plus sur ce sujet,
c'est vouloir faire une division avant de savoir faire
une addition. Notre instruction sur cette question et
mille autres semblables devant être éternelle, n'en
devançons pas les heures....

L'ÉLÈVE.

Vous dites que l'âme redeviendra après la mort

de son corps ce qu'elle était avant; qu'elle fera comme la fleur ou la graine détachées de l'arbuste, en recomposant à nouveau ce qu'elle avait déjà composé. La vie est-elle tout entière dans ce travail sans fin et sans but ?

LE PROFESSEUR.

L'âme ne reviendra pas, puisqu'elle ne peut être anéantie ni cesser d'être Elle ; mais Elle donnera suite à ses pensées et à ses travaux présents en les perfectionnant de plus en plus.... Je n'entends pas dire que la fleur ou la graine tombées à terre se relèveront pour faire exactement la même chose, au même lieu que précédemment ; ce qui porterait à croire qu'il n'existerait aucune variation dans les phases de la vie, j'entends dire que les germes qui contiénnent ces fleurs ou ces graines reproduiront des fleurs, des graines et des arbustes, si non exactement semblables, mais à peu près semblables.... La comparaison entre l'homme et la fleur que je propose n'est admissible que dans le sens de leurs éternelles manifestations individuelles ; mais comme celles de l'homme sont plus variées et par conséquent plus complexes, il s'ensuit donc que l'homme subissant par ce fait une plus grande quantité d'états que la fleur précitée, ses successions de manières d'Être et de sentir ne devront pas être les mêmes.... Il ne changera pas plus sa forme d'homme que la fleur ne change sa forme de fleur; mais ses productions étant infinies, je le répète, ses passages dans de nouveaux états) ne le forceront pas d'en éterniser un seul. C'est vous dire que je ne crois pas que l'homme recommencera mathématiquement la même existence sur ce globe ; mais qu'il la variera selon l'inépuisement de ses pensées

L'ÉLÈVE.

Vous ne croyez pas à la réincarnation alors ?

LE PROFESSEUR.

Je crois que l'âme étant dégagée de son corps matériel par ce qu'on nomme la mort, peut entrer a son gré *conventionnellement* dans un autre corps, pour y produire certaines manifestations de son goût.

Je crois qu'elle peut y séjourner le temps convenu avec l'âme de ce corps et produire, *au nom de cette dernière*, les choses que nous lui voyons produire. Mais j'arrête là mes croyances sur cette question.... Nos lucides d'illettrés, qu'ils sont, devenant lettrés dans cet état, en parlant des langues qui leur sont étrangères, devenant orateurs, poètes, musiciens, peintres sans avoir aucune connaissance de ces

Arts dans leur état normal, ne peuvent agir ainsi, selon moi, que par le secours d'âmes dématérialisées et restées artistes, qui entrent *conventionnellement* dans leur corps matériel pour lui faire produire ces choses, et quantité d'autres non convenues : comme celles qui se déroulent journellement devant nos tribunaux, où des malheureux ne peuvent se rendre compte comment ils ont pu commettre les crimes qui leur, sont reprochés. Nous avons un aperçu de ce genre de possession chez nos lucides magnétiques auxquels nous faisons exécuter les choses qui nous plaisent, sans que ces sujets en aient souvenance à leur réveil ! Cette faculté n'implique nullement le devoir de reconstruire une infinité de fois les corps matériels sur le même globe, en passant de l'état de germe à celui de fœtus et d'adulte.... Le regretté et savant Fourrier avait composé tout un système de telles réincarnations atteignant, je crois, le chiffre de neuf cents, inspiré qu'il était sans doute dans cette proposition par les croyances qu'ont sur cette matière une grande partie des peuples de l'Asie. Comme le but de ces réincarnations n'est ni défini, ni justifié par une loi, ni par des faits qui en relèvent, nous trouvons prudent de surprendre notre jugement sur elles et de nous en tenir, sur cette question, à la faculté que nous accordons aux âmes ayant quitté leur enveloppe matérielle, d'habiter d'autres corps un temps quelconque *conventionnellement*. C'est déjà beaucoup proposer que ce que nous proposons ; nous manquons de lumière pour aller plus loin.

L'ÉLÈVE.

Les réincarnations recommençant par de nouveaux travaux des germes pourraient faire espérer d'améliorer les corps matériels et les pensées qui les dirigent ?

LE PROFESSEUR.

Je crois qu'il a existé dans tous les temps des corps robustes et des corps rachitiques, des penseurs et des buses, de bons et de mauvais êtres, comme il y a dans la nature de grandes et de petites créations, des tempêtes et des temps calmes, des plaines luxueuses et des volcans hideux !... Je ne sais ce qu'ont changé dans l'ordre des pensées humaines les sages enseignements des *Hermès*, des *Trismegiste*, des *Confucius*, des *Licurgue*, des *Solon*, des *Minos*, des *Socrate*, des *Christ* et de tous les sages qui ont désiré améliorer notre existence ? Je crois qu'ils n'ont pas *martingalé* leur espèce, et que les sages de ces temps-là ne sont pas en foule parmi nous, et cela par la plus simple des raisons et de la logique, qui, accordant l'immortalité aux pensées, qui sont les seules moteur de ce qui est

l'humanité en particulier ne peut être autre que
ce que la font ces dites pensées : l'on ne peut sortir
de cette proposition, ou alors il faudrait anéantir les
pensées enfantant le mal ! une fois un tel hécatombe
ouvert, l'âme humaine y passerait comme les autres ! Voilà pourquoi la pauvre humanité sera toujours composée de bien et de mal ! et les éléments
de zéphirs et de tempêtes. Autrefois nous étions
sauvages, nous dit-on, aujourd'hui nous sommes civilisés. Comparons : sauvages, nous nous assassinions
à coups de massue, aujourd'hui nous le faisons
avec de mignons et de monstrueux instruments qui
font voler nos membres dans les airs.... Sauvages,
nous nous battions de tribut à tribut pour quelques
cahuttes, que nous nous approprions !... civilisés,
nous étendons 500 mille hommes à terre pour prendre une province.... Voulons-nous aborder une île
inconnue ? ses habitants viennent vers nous avec
confiance nous tendant la main, nous les comblons
de verroteries jusqu'à ce que nous ayons introduit
chez eux nos missionnaires qui les civilisent, un
fouet et une tirelire à la main.... Sauvages, nous
créâmes des rois, des prêtres et des juges qui nous
exploitèrent et nous *dîmèrent* à leur aise,... aujourd'hui nous créons des rois, des prêtres et des
juges qui nous ruinent.... Autrefois nous avions des
Mandrins et des Cartouches qui nous forçaient, le
couteau sur la gorge, de vider notre bourse dans la

leur !... aujourd'hui nous avons des Mandrins et des Cartouches, habillés de noir, gants beurre frais aux mains, qui nous sourient de la meilleure grâce du monde en nous contant un bout d'histoire sur le grand succès de telle opération financière *véreuse ?* Nous nous empressons de vider notre bourse, nous-mêmes, dans celle de ces courtiers en escroquerie qui ne redoutent ni la prison ni le bourreau, et sont reçus au contraire à bras ouverts en tous lieux ! Votre civilisation ne m'invite nullement de revenir à l'infini en jouir. Si c'est une loi, je la subirai, mais en vous disant : Expliquez m'en l'utilité, et montrez m'en les résultats avantageux ?

Séparons pour le moment le blé de l'ivraie et restons dans l'étude de savoir qui nous sommes ? D'où nous venons et où retournons-nous ? Ces trois points vidés entièrement, nous en attaquerons d'autres.

ÉTUDE SUR LE LIBRE ARBITRE

L'ÉLÈVE.

Il résulte de notre dernier entretien sur la nature de l'âme que celle-ci est un corps composé ; car étant un corps simple et réduit à sa seule individualité elle ne serait capable d'aucune chose : par conséquent, les corps qui la composent sont autant d'êtres vivants et pensants, qui, comme elle, remplissent le rôle d'ouvriers constructeurs par des moyens différents afin de produire, de dessiner les formes matérielles que nous voyons et d'exprimer les pensées qu'ils expriment.

LE PROFESSEUR.

Vous touchez juste, et vous sentez qu'il n'en peut être autrement. Les germes en général des trois règnes et du règne animal en particulier sont ainsi constitués. Ils forment donc le *moi* de l'être. Moi qui ne peut être plus annulé qu'aucune production de la nature : ou alors, comme je vous l'ai dit, si l'on ouvrait un tel hécatombe, le néant seul remplacerait un jour ce qui est !... N'abordons pas de telles questions, qui ne peuvent produire que des ténèbres très-dangereuses pour notre raison.

Prenons les germes tels vous les faites, nous représentant un certain groupage d'êtres chacun : Êtres travailleurs, qui sans cesse agrandissent leur atelier par une agglomération *limitée* aux formes qu'ils doivent produire d'ouvriers semblables à eux, disposés sans doute par compagnie, sous la conduite d'un des leurs choisi par eux pour être leur directeur,... dans cette agglomération et dans cette complication d'êtres travaillant à leur à part, en vue de la chose commune, il doit y avoir une certaine part faite au libre arbitre et à l'esclavage de chaçun ?

Oui, mon ami : il n'en peut être autrement; je vais vous en donner un exemple par les observations suivantes. Nous savons comment les germes du règne végétal travaillent et produisent les formes qu'ils sont appelés à produire; il en est de même pour le règne minéral. Nous saisissons moins les germes et le travail de ce dernier ; mais leur groupage et leurs travaux ne sont pas autres que les premières. Contentons-nous pour aujourd'hui de traiter du germe humain, et voyons sous quelle forme il nous apparaît matériellement sortant des réservoirs séminaux.... Il nous apparaît sous celle d'une frêle anguille assez semblable au *têtard*, disent nos micographes! Comment se comporte ce germe lorsqu'il entre par l'utérus dans l'atelier où il doit montrer son savoir faire? Il n'entre-pas seul dans cet atelier, il est accompagné d'un certain nombre d'autres germes ; mais celui d'entre tous qui est destiné à entrer en fonctions, s'introduit comme nous venons de le dire dans cet atelier et cherche à s'y caser. Ce moyen lui est procuré par les trompes de faloppe, espèces de grandes mains attachées de chaque côté de la matrice, dont le rôle paraît être de cueillir aux grappes ovariques des œufs qu'elles introduisent dans la matrice, lieu restreint présentement, mais qui deviendra un vaste atelier ou le germe trouvera tous les matériaux nécessaires à son œuvre. Ce germe, rencontrant dans la dite matrice un des œufs précités, le perce et s'introduit dans lui!... que se passe-t-il alors?... L'orifice de la matrice est clos doucement par le placenta, création spéciale, formée de sang mensuel, compliquée de veines et devant distiller des substances pures qui serviront au germe à construire l'édifice qu'il se propose de construire.... Ce placenta est une porte nécessaire à empêcher toute infiltration d'air extérieur qui pourrait corrompre et détruire les dites substances utiles à ce travail.... Voilà donc notre germe logé dans son œuf; quels vont

être ses rapports avec les organes de l'être chez
lequel il est enfermé ?... Par quels moyens en liera-
t-il avec ce qui l'entoure ? La réponse devient dif-
ficile.... Après un certain temps de séjour, l'on ap-
perçoit un faible fil qui l'attache par le nombril au
placenta. Nombril qui n'existe qu'après que le cœur
et la matière cérébrale ont été formés ; puis alors
les viscères et la charpente osseuse formant le tronc
et par suite les membres,... enfin ce fil qui rattache
notre germe au placenta sera le conduit par lequel
l'être recevra sa nourriture pour parler le langage
anatomique. Mais pour parler celui que je propose,
c'est par ce canal que s'introduiront tous les travailleurs appelés par les constituants le germe précité,
à travailler à cette œuvre de construction par leur
agrégation, par leur groupage, par leur soudûre,
dirai-je, qui transmuera tous ces ouvriers en matériaux du dit édifice ! Vous devez voir à première
vue la grandeur et la complication de ce travail, qui
n'est autre que celui de l'extension du germe végétal
et chez l'être du travail de la nutrition.... L'être se
forme donc ainsi, chaque être qui le compose sachant ou se placer et s'entendre avec ses co-travail-
leurs.... *C'est tout une usine de pensées prolétaires
et rien autre....* Une fois l'être sorti de ce sombre
et merveilleux atelier, il possède en lui tous les
moyens d'être ce qu'il doit être. Le *cerveau* est
l'atelier par excellence des ouvriers artistes *pensées*

d'élite veillant sans cesse sur l'être, en harmonisant les constituants et les travaux d'ensemble.

Le *cœur* est celui des ouvriers touristes sanguins qui, par de nombreux canaux grands et petits, inondent tout l'être.

Le *poumon* est celui des savants chimistes qui distillent et modifient la nature de ces touristes : cet organe prend en plus dans le grand réservoir de la nature des travailleurs plus légers, portant le nòm d'air qui facilitent le passage et servent d'é-claireurs aux dits touristes, en leur ouvrant les valvules, espèces de portes, par lesquelles ils passent pour continuer leur voyage.

L'*estomac* est celui des halles centrales des substances nutritives, c'est-à-dire où tous les ouvriers substantiels arrivant sont reçus, triés et envoyés avec soin et connaissance vers les lieux où ils sont attendus... Il en est ainsi de tous les viscères et du système nerveux à la charpente osseuse.... Chacun des organes est ainsi composé et régit sous la dépendance d'êtres qui savent établir dans leurs rapports entre eux l'harmonie utile au tout ; mais il en découle alors entre tous un échange de domination et de dépendance. De là naissent forcément le libre et le non-libre arbitre de chacun.

S'il n'en était ainsi, comment expliquerait-on l'utilité de la nourriture, les effets médicamenteux, ceux des liqueurs, etc ? Pourquoi l'estomac de-

mande-t-il tel met, telle substance plus qu'une autre?
Pourquoi se convulse-t-il au contact, à l'idée même
de telle autre : vous aurez beau la lui présenter de la
meilleure manière du monde, lui qui l'absorbait
avec plaisir la veille ne peut la souffrir aujourd'hui.
Si vous l'introduisez de force, il y aura un trouble
général, un combat même dont tout l'être sera la
victime ; si ces choses étaient inertes et sans valeur,
elles ne pourraient produire un mouvement qu'elles
ne posséderaient pas. Si au contraire elles sont actives et utiles à l'être, c'est qu'elles ont des propriétés vitales qui ne peuvent exister sans pensées,
sans combinaisons quelconque.

En médecine, pourquoi cette huile extraite du
riccin produira-t-elle plus de trouble que celle extraite de l'olivier ? C'est parce que la première est
antipathique à la bile, aux glaires et aux matières
fécales qui s'empressent de la fuir lorsqu'ils sentent
qu'elle va arriver jusqu'à eux : l'huile d'olive, au
contraire, leur est sympathique ; ils la côtoient sans
trouble aucun. Les alcools sont des corpuscules
d'une égale grande puissance, qui mettent en fuite
les pensées calmes et d'harmonie qui laissent ces
corpuscules habiter leurs localités vers le cerveau
et y produire les plus grands troubles possibles; ces
troubles mêmes ne sont qu'un excès de mouvement,
qu'une désharmonie d'entente, qu'un affollement
des constituants, la vie, oserai-je dire !

Si nous voulons porter sérieusement notre atten-
tion sur cette question en étudiant les fonctions des
cinq sens, nous les verrons être ainsi dépendants et
indépendants l'un de l'autre dans leurs attribu-
tions ? Les ouvriers du sens de la *vue* voient, em-
brassent et imagent tout ce qui les entourent au
profit de ceux qui forment le domaine des différents
musées qui sont dans l'être.

Les ouvriers du sens de l'*ouïe* font de même en
envoyant des mots et des sons aux ouvriers gardiens
des dits mots et des dits sons, mots et sons qui sont
à leur tour des êtres destinés à ces fonctions afin
d'étendre le domaine de la mémoire. Les ouvriers du
sens de l'*odorat* sont de grands collectionneurs
des aromes, autre genre d'ouvriers qui enrichissent
les connaissances de l'être sur le bon, sur l'utile
et sur l'agréable des dits aromes ! Les ouvriers du
sens du *goûter* ont un rôle des plus précieux, en ce
qu'ils sont appelés aux fonctions de dégustateurs
qui connaissent les besoins et les abondances des
halles centrales et qui sont commis à en éviter
l'encombrement comme la disette. Les ouvriers du
sens du *tact* sont les plus démonstratifs de l'indé-
pendance, comme de la dépendance des mouve-
ments nerveux ou musculaires de l'être !... Que
d'hommes disent : par ma volonté je peux faire agir
tous mes membres comme il me plaît, parce qu'ils
tendent le bras ou la jambe pour prouver ce qu'ils

avancent. Hélas! Ce n'est pas à ces simples mouve-
ments qu'il faut reconnaître la volonté de ces êtres;
mais il faut laisser ces membres fonctionner à leur
aise, et se demander si la volonté a été tendue toute
une journée à diriger les jambes d'un facteur?
Si la volonté est pour quelque chose chez l'artiste
qui joue d'un instrument quelconque?... Les jambes du facteur, comme les doigts de l'artiste musi-
cien, ne fonctionnent-ils pas d'eux-mêmes ; comme
la langue fonctionne sans qu'on connaisse le ressort
qui la fait mouvoir ; comme les sons de la voix se
modulent sans qu'on connaisse l'instrument qui les
produit ?... Il résulte donc de ces simples observations, que tous les êtres qui composent notre être
sont en tout point semblables à un corps d'armée
qui reçoit les ordres d'un chef pour exécuter les
manœuvres diverses qu'ils exécutent. Notre moi,
formé de pensées mères, dirai-je, représente ce chef
d'armée, auquel toutes les autres pensées obéissent.
Sauf les empêchements qui paralysent les pou-
voirs de ce moi par des troubles apportés dans
l'édifice humain,... troubles qui sont des points
d'arrêts dans les fonctions et le parcours libre de
tous;... points d'arrêts qui par conséquent rendent
esclaves tous ceux qui ne peuvent franchir ces obs-
tacles.... Nous voilà encore à nouveau, vous le
voyez, devant la dépendance et la liberté,... devant
le libre et le non-libre arbitre! Je mange avec

avidité de tel met qui trouble mon estomac de manière à me faire garder le lit et d'avoir recours au médecin.... Je bois un verre de vin de trop qui trouble mes pensées à un tel point qu'il leur fait commettre des actes assez répréhensibles pour me conduire en prison, et par ce fait troubler mon existence le reste de mes jours.... Je veux au bal danser jusqu'à épuisement, ne pas m'occuper de l'état de mon corps que je jette dans la rue par un vent glacial, qui m'enrhume, rhume qui, par la négligence que je mets à le traiter, me détruit le poumon et me conduit dans la tombe.... Il en est ainsi dans cent cas où notre volonté fait l'office d'être notre bourreau et nous force de ne plus savoir apprécier ce que sont notre liberté et notre esclavage !

L'ÉLÈVE.

Il est un fait incontestable, qui est que si les molécules qui composent notre corps matériel étaient formées d'atomes inertes sans savoir penser, sans savoir se placer où ils sont et se maintenir ce qu'ils sont, ce corps serait sans cohésion. Il est encore incontestable que si les substances que nous absorbons pour nos besoins étaient également inertes, dépourvues de pensées, sans savoir où elles vont et faire ce qu'elles font, il en résulterait un corps inerte, ne pouvant être autrement au contact des dites substances inertes comme lui;... il faut donc devant la vie et devant l'activité qu'il possède que tout ce qui le constitue en soit plein comme lui.... Ceci né crée aucun doute, et conduit forcément à admettre vos propositions sur ce sujet et à conclure comme vous, que vu la solidarité qui existe entre toutes ces vies et leurs atributions à chacune, il doit en découler une somme d'esclavage et de liberté égale pour tous ; par conséquent, dans cette occurence, le libre arbitre n'existe pas plus que le non-libre arbitre! Pensez-vous qu'il en soit de même dans les actions du corps formant les Sociétés et les Nations? Chaque être est-il prédestiné à remplir forcément un rôle quelconque dans cette Société? S'il en est ainsi, qui lui impose ce rôle?... Le rôle imposé n'implique-t-il pas l'effacement de l'être en ce qu'il ne serait plus qu'une machine mue par une volonté unique qui serait tout ce qui est?... A quoi servirait alors le moi?...

LE PROFESSEUR.

L'homme est destiné à remplir un rôle quelconque ici-bas, la prophétie le prouve !... Si l'homme peut connaître dans certaines circonstances à l'avance à quel taux, par exemple, fermera la bourse,... quel numéro lui donnera le tirage au sort,... quelle femme il épousera,... combien d'enfants il en aura, etc., et cent autres phases de sa vie comme j'en ai traité dans mes *études sur les fa-*

cultés prophétiques de l'homme, etc. (1), et comme j'en possède encore un grand nombre en porte-feuille.... S'il en est ainsi, dis-je, l'homme à donc un rôle à remplir qui lui est imposé ! Ce rôle ne pou-vant être imposé par une volonté unique comme nous l'avons vu, et comme vous l'admettez vous-même, ce qui réduirait le moi de l'être à n'être pas, nous demanderons qui alors impose ces rôles ? Il nous sera répondu forcément : c'est l'homme lui-même qui, avant de prendre la forme matérielle, prépare cette forme à jouer ce rôle qui est de son choix ; rôle qu'il a accepté de la grande direction du théâtre de notre globe.... Il en est au monde des causes comme dans nos théâtres terrestres, où un auteur propose une pièce à jouer ; la pièce est alors étudiée par le directeur, puis par le Comité commis à cet effet et ensuite soumise aux acteurs ; chacun d'eux l'étudie et y choisit un rôle convenant à ses goûts.... Dans l'état présent où nous sommes, ne disons-nous pas à chaque instant : Si je le pouvais je ferais telle chose?... Si je survivais à mon exister présent je voudrais jouir et me comporter de telle manière?... Si je revenais sur la terre je m'y pren-drais autrement, etc., de mêmes vœux ont pu être formés par nous dans l'état où nous étions avant

(1) Voir le tome 7ᵐᵉ de l'Encyclopédie Magnétique, etc.

d'entrer en scène sur le théâtre terrestre où nous jouons maintenant les rôles découlant des dits vœux ! Par ce fait ces vœux seraient les préparateurs des rôles qui en sont le résultat.... Il me parait donc être plus rationel de faire découler les rôles que nous remplissons ici-bas de notre propre choix que de les faire sortir d'une volonté unique qui par ce fait serait tout ce qui est, et ferait tout ce qui se fait.

L'ÉLÈVE.

La prophétie existe mais elle n'est pas toujours correcte, ni persévérente !

LE PROFESSEUR.

Il suffit qu'elle existe pour prouver que l'homme lui est soumis, peu nous importe qu'elle ait ses imperfections, acceptons là pour ce qu'elle est et ne la nions pas.

L'ÉLÈVE.

En admettant votre proposition de théâtre et d'acteurs terrestres, je vous demanderai pourquoi les dits acteurs n'ont pas connaissance de ces choses ?

LE PROFESSEUR.

S'ils les connaissaient, qui garantirait qu'ils ne refuseraient pas d'aller jusqu'au bout?... Celui qui, par exemple, à accepté le rôle de victime dont les goûts matériels ne concordent nullement avec ce rôle, pourrait avoir l'envie de l'abandonner!... Si les acteurs dans nos théâtres se retiraient à la moitié de leur rôle joué, ils seraient punis à l'instant même par le règlement auquel ils se sont soumis ; nous subirions les mêmes conséquences, je le pense, si nous refusions de continuer celui que nous avons consenti à jouer ;... pour nous enlever le désir de ne pas aller jusqu'au bout, l'on nous ravit la connaissance des péripéties de ce rôle.

L'ÉLÈVE.

A quoi sert alors le rôle accordé aux guides qui, croit-on, sont commis à notre garde?

LE PROFESSEUR.

Ce rôle sert à nous relever de nos défaillances, de notre défaut de mémoire, de nos paresses de jeu. Ce sont, permettez-moi de leur donner ce nom, de véritables Conseillers.

L'ÉLÈVE.

Comment l'immense alliance que crée ce rôle avec les millions d'acteurs qui concourent ainsi à la représentation de nos pièces sociales, dirai-je, peut elle exister?

LE PROFESSEUR.

Elle existe comme celle d'un soldat avec son régiment, et de ce régiment avec le corps d'armée dont il fait partie. Ce corps d'armée n'est-il pas lui même une partie de la nation ? Ce ne sont pas de simples pièces limitées à quelques scènes comme celles qui se jouent sur nos théâtres que celles sociales ; ces dernières sont bien des pièces universelles qui touchent à tout ce qui existe ;... là encore le libre et le non-libre arbitre se résument dans le choix du rôle que veut remplir l'acteur et rien autre. Son choix crée sa dépendance momentanée ; dépendance qui ne peut être modifiée que son rôle terminé, lorsqu'il en choisit un autre. Le jeune homme qui s'engage dans l'armée et y choisit son régiment ne doit-il pas être esclave du règlement de ce régiment pendant un nombre d'années quelconque ? Mais lorsque le temps de son engagement est fini, il est libre de le continuer ou d'en passer un autre dans une autre arme. Cette comparaison doit nous donner une idée de notre dépendance terrestre.

L'ÉLÈVE.

Nous devons alors admettre le fatalisme ?

LE PROFESSEUR.

Oui, mais fatalisme créé et entretenu par nous

et non par une puissance quelconque qui nous l'impose. Ce genre de fatalisme est semblable à celui que nous impose notre germe; l'on peut nommer l'un fatalisme social et l'autre fatalisme individuel. Retournez la question dans tous les sens, vous arriverez à cette solution : Ne connaissant qui se meut, qui pense, qui combine, qui voit, qui entend, qui goûte, qui aspire, qui touche en vous; ne sachant ce que sont la mémoire, la parole, l'intuition, la pensée, vous ne pouvez nier que ces choses sont un résultat général d'individualités pensant, appréciant et dirigeant les moyens de la vie !

L'ÉLÈVE.

Vous me dites que les rôles que nous remplissons ici-bas sont le résultat de notre libre choix: je ne vois pas qui peut plaire dans les rôles de domestique, de prolétaire, de mendiant, de voleur, d'assassin, etc.?

LE PROFESSEUR.

Ces rôles, inférieurs selon vous, sont des utilités théâtrales qui complètent les tableaux à mettre en scènes;... des papes, des empereurs, des rois, des millionnaires même isolés, n'éprouveraient aucun plaisir entre eux à se parler en rois sans sujets. Leur rôle n'est pas ce que vous le supposez être; ils ne sont nullement exempt des déceptions, des vicissitudes et des troubles en général qui assaillent le cœur humain ; leur rôle par ce fait n'est supérieur aux autres qu'en apparence. Croyez qu'il n'y a quoique ce soit à retrancher aux manifestations infinies de la vie et que chaque chose est ce qu'elle doit être en vue des innombrables phases qui la composent.

L'ÉLÈVE.

Par ce fait il n'y a pas de responsabilités ?

LE PROFESSEUR.

Ne touchons pas à cette question, laissons le prêtre s'en occuper à son profit ; quelle responsabilité imposerez-vous à la foudre qui incendie votre maison ?... ou à la grêle qui détruit vos récoltes?... à la tempête qui fait couler vos vaisseaux au fond des mers?... aux tremblements de terre qui détruisent vos villes ?... aux disettes, aux pestes, aux épidémies qui désolent les nations ?... quelles responsabilités imposerez-vous aux plantes vénéneuses, aux animaux créés pour la destruction d'espèces plus ou moins nuisibles qu'eux ?... Dans ces destructions, dans ces boulversements, dans ces troubles de la nature, ne reconnaissez-vous pas vos propres destructions ; vos propres boulversements ; vos propres troubles humains?... Possédez-vous des juges assez sages pour juger ces choses?...

Remettons donc pour les apprécier à une plus lucide étape de notre existence.

Pensez-vous que ce fatalisme aille jusqu'à me faire prononcer telle parole, et me faire faire telle action à telle heure ?

LE PROFESSEUR.

Ne nous arrêtons pas à vouloir compter les grains de sables qui forment telle ou telle montagne. Contentons nous de dire que la montagne existe.... Chaque parole a la puissance qu'elle doit avoir, comme chaque action tient la place qu'elle doit tenir. Si un général ne commandait pas ce que son corps d'armée doit exécuter à telle heure *précise* et dans telles conditions, ce corps d'armée resterait inerte, il est donc nécessaire que la parole commande l'action;... vouloir entrer dans les *détails*, les *pourquoi* et les *comment* des choses de la vie, c'est vouloir soumettre le monde des causes à notre argumentation et nous ériger en juges. Attendons que nous puissions lire dans le code qui contient les lois de toute existence, et contentons-nous de savoir que ce code existe a n'en pouvoir douter, le légiste qui l'a écrit n'a pas à subir les arguments des êtres qui en relèvent.

Méditez sur les propositions précitées, et vous

reconnaîtrez que toutes laconiques qu'elles sont, elles sont la seule clé qui peut ouvrir le temple rationnel et positiviste des arcanes de la vie! Veuillez à cet effet préférer entrer dans le laboratoire du chimiste que dans celui du prêtre et des intéressés à l'ignorance des peuples;... manipulez la matière pour mieux en connaître les constituants; ne veuillons jamais traiter de la question de Dieu, grande figure salie et usée par les professeurs religieux de toutes les religions, qui en a fait une création si ridicule, si immorale, si injuste, qu'elle a enfanté l'athéisme ?...

N'enfermons jamais cette grande puissance dans une forme quelconque et n'élevons pas notre orgueil jusqu'à la faire penser comme nous? Reconnaissons que les lois qui régissent des globes aux êtres ne peuvent découler que d'une intelligence, que d'une force, que d'une puissance que nous devons étudier, admirer et respecter, en la nommant intelligence des intelligences, force des force, puissance des puissances!

Ne veuillons pas davantage définir la matière et savoir si elle est plus résistante que ce qui la compose, comme nous l'avons vu par l'étude que nous avons faite de ses constituants.

Veuillons également, *par prudence*, éviter de traiter doctoralement du moi, de sa préexistence et de son immortalité, en ce que nous n'en pouvons traiter, *imparfaitement*, que par analogie, que par des faits qui ne sont pas du domaine de notre état présent, faits qui ne sont pas du moins à notre disposition selon nos désirs. Rabattons-nous sur l'actualité, qui est plus à notre portée, en ce qu'elle est le produit du passé et le germe du futur !... Ne pouvant remonter aux premiers âges, aux premières vibrations; aux premiers enfantements de ce qui est, pas plus que prévoir *sans déceptions* ce que deviendra ce qui est, nous ne devons donc cultiver que les connaissances que nous acquérons sûr ce que nous voyons, et espérer que ces connaissances s'étendront aussi loin que tout ce qui existe ira !... par conséquent que, se complétant indéfiniment et étant inséparables les unes des autres, elles vivifient notre moi et lui assurent une étude sans limites et sans fin.

Ne veuillons non plus connaître ce qu'est la volonté chez l'être en ce que nous ne le pourrions. La volonté de l'être étant formée de la volonté collective de tous les êtres qui le composent, est donc trop complexe pour être lucidement appréciée par nous : n'en prenons qu'une preuve dans la parole. La parole est-elle une agglomération de pensées préparées à l'avance à la produire?... L'improvisation d'un discours comme une réponse faite à une question imprévue ne le laissent guère supposer, en ce que cette improvisation comme cette réponse ont

une puissance tellement magique, qu'elles peuvent
transmuer les vibrations, les pensées, les états des
êtres qui les écoutent, soit en bien, soit en mal, en
amour ou en haine, en admiration ou en dédain, et
que fort souvent un mot accentué d'un geste quelconque peut briser les relations les mieux établies
entre les êtres! Nous ne pouvons donc voir dans
ces faits une volonté réfléchie et arrêtée, puisque
nous ne connaissons nous-mêmes ce qu'est et ce
que peint la parole qu'en l'entendant sortir de nos
lèvres !

Voici sur ce sujet ce qu'en dit M. J.-L. Lanessan,
professeur d'histoire naturelle à la faculté de médecine de Paris, dans son introduction à un manuel
d'histoire naturelle médicale, ayant pour titre, la
MATIÈRE ; la VIE et les ÊTRES VIVANTS, 1879 (1).

Dans toutes nos études proposons; proposons
mais n'imposons ni n'affirmons quoique ce soit a
priori, car les pensées qui constituent ces études sont
si nombreuse, si fortes et si faibles, si démonstratives
et si obscures, si tenaces et si fugitives, que la preuve
la mieux acquise d'un fait quelconque peut-être
obscurcie par un autre fait!... Observons, *observons*, OBSERVONS et communiquons-nous nos observations ! toute notre ambition ne doit aller au-delà!...

« On remarque que nous n'avons pas parlé de la

(1) Octave Doin, éditeur, place de l'Odéon, 8.

volonté ou libre arbitre, dit M. Lanessan ; c'est qu'en
effet ces termes ne *répondent à rien de réel*. Aucun
acte, c'est-à-dire aucun mouvement accompli par les
êtres vivants, quels qu'ils soient, n'est soustrait à ce
principe absolu : *que tout mouvement n'est que le produit de la transformation d'un autre mouvement.*
Lorsque nous croyons accomplir un acte volontaire,
nous n'exécutons en réalité qu'un acte dont nous
avons conscience : c'est-à-dire dont nous connaissons
plus ou moins les causes déterminantes et les conséquences. Mais cet acte *s'exécute fatalement....* Il
n'est que la résultante d'excitations extérieures ou
intérieures sur les éléments anatomiques qui sont mis
en jeu dans son accomplissement ! »

L'ÉLÈVE.

Je comprends comme vous que nous ne pouvons
résoudre d'aussi graves questions selon nos désirs ;
qu'elles exigent être méditées et retournées en tous
les sens. J'en ai encore cependant qui m'intéressent
et que je voudrais pouvoir élucider, les voici : tout
le monde rêve, ou du moins en a la faculté. Dans ces
rêves, nous nous trouvons être souvent transportés
dans des lieux que nous reconnaissons avoir ha-
bités. Chaque objet qui les garnit nous est familier.
Nous nous trouvons même entrer en rapport avec
des êtres qui ne nous sont nullement étrangers, il
nous semble que, villes, maisons, campagnes, sont

des choses que nous n'avons pas cessé de voir, sans cependant les avoir jamais connues ni entendu parler d'elles dans notre existence présente : ce qui fait supposer à beaucoup de rêveurs qu'ils ont dû vivre antérieurement dans ces lieux et être en rapport avec les êtres qui les habitent?

D'autres penseurs, devant les positions disparates de la vie, les fortunes opulentes et les misères regrettables qui assiégent notre existence terrestre, ou devant les maladies, les monstruosités, dirai-je, qui altèrent les formes, les caractères qui poussent au désordre, les passions qui enfantent les crimes, etc., pensent généralement également que ces choses sont le résultat d'une existence antérieure dans laquelle nous avons dû commettre des actions répréhensibles qui commandent cette espèce de punition, par la privation que nous subissons de l'utile, de l'agréable, etc…. S'il en est ainsi, à quoi sert de punir un être qui ignore cette punition?… qui ne sait pour quel fait elle lui est imposée, et par conséquent ne peut corriger sa conduite présente, afin de ne pas retomber dans les mêmes fautes?… la justice humaine au moins ne laisse pas ignorer à celui qu'elle frappe le sujet de sa punition, ce qui, dans certains cas, fait espérer que l'être ainsi frappé se modifiera et rentrera dans une vie plus calme?

— 55 —

LE PROFESSEUR.

Vous me posez là, mon ami, deux questions très-complexes et peu faciles à élucider.... Je vais tâcher d'en traiter de mon mieux ; puissé-je ne pas vous paraître être trop obscur.... Si l'homme matériel est composé, comme nous venons de le voir, de germes, de corpuscules innombrables, qui chacun dans leur sphère d'action ont une spécialité désignée, une place marquée, cette dépendance ne dure que le temps que l'édifice humain qu'ils composent existe.... En voyant dans le règne végétal, à la maturité des graines et des fruits, succéder une séparation de ces productions avec l'arbuste ou l'arbre qui les ont produits, nous devons penser que les constituants, ces nouvelles graines et ces nouveaux fruits, doivent contenir en eux le souvenir de leur éclosion et des lieux où ils ont passé une partie de leur existence, par conséquent, qu'ils peuvent être autant d'historiens qui, à leur à-part, pourront communiquer aux formes nouvelles qu'ils sont appelés à produire eux-mêmes des fragments historiques de leur exister antérieur.

Comme nous pouvons le faire et le faisons envers nos enfants en leur racontant des faits de notre enfance, à ceux de nos jours, pour lors, le germe, l'âme d'un corps nouveau entrant dans l'état de rêve peut voir et connaître les différents états par les-

quels ont passé antérieurement les êtres qui constituent sa forme matérielle, par conséquent les
lieux et les objets qu'ils ont côtoyés ainsi que les
êtres qui s'y trouvaient alors, et cela par une espèce
de photographie, d'images *animées* de ces choses.
Je dis *images animées*, en ce que quoique ce soit
ne peut ne pas être animé d'une espèce de vie dont
nous ne pouvons nous rendre compte, mais dont la
croyance s'impose à notre esprit par la force des
choses qui en découlent. Pour lors, ce serait faire
erreur que de s'approprier ces existences qui nous
sont étrangères. Cette faculté de vision et de com-
munication des rêves n'implique donc pas d'admettre que le rêveur ait revêtu une infinité de fois
sur notre globe un corps matériel, pour, comme fin
de compte, n'être et ne produire autrement qu'il a
toujours produit. Non, je pense que chaque germe
ou âme ne remplit ce rôle qu'une seule fois sur le
même globe, globe que la dite âme peut habiter
après avoir quitté son enveloppe matérielle aussi
longtemps qu'elle le veut; mais ayant joué son rôle
sur sa scène, elle rentre dans les coulisses pour
devenir le souffleur à l'occasion des acteurs qui l'ont
remplacée, ou, comme je vous l'ai dit dans notre
étude sur elle, rentrer conventionnellement dans un
corps matériel pour l'aider à produire ce que ce corps
ne sait faire lui-même; ainsi, si je me suis bien expli-
qué, les choses des rêves qui font croire au rêveur

qu'il a dû exister une infinité de fois matériellement
sur ce globe peuvent être le fait, je le répète, des
corpuscules qui composent son corps matériel qui,
eux, ont une infinité de fois formé d'autres corps et
concouru à d'autres existences sur le dit globe avant
la sienne, corpuscules qui, ayant la mémoire de
ces différents états, peuvent les présenter à l'observation qu'en fait le rêveur, ce qui fait croire à ce
dernier que c'est lui qui a subi matériellement ces
existences; mais ce qui ne dit pas cependant qu'il
n'a pas préexisté sur d'autres globes avant son
exister actuel! Tant qu'aux tristes variétés des formes,
des caractères, des passions, des crimes même des
hommes terrestres, elles peuvent être le produit de
la propre composition de la sphère qui l'entoure,
ainsi que de ses rapports avec les globes de son
système planétaire, comme elles peuvent être celui
du groupage des constituants, le corps matériel!...
La foudre, les tempêtes, les tremblements de terre,
les pestes, etc., ne seraient-ils pas des germes, des
colères, des agitations et des troubles en général
les hommes? Quand on voit la nature enfanter ces
états, ne peut-on pas penser que l'homme les copie?
Autre exemple : il n'existe pas de forme qui n'ait
les contours!... Celle de l'homme particulièrement
offre par ce fait des parties foulantes, écrasantes, et
les parties foulées et écrasées ; la plante des pieds,
à coup sûr, est plus chargée, plus foulée que l'oc-

ciput, mais rien ne nous dit qu'un jour les mêmes
corpuscules foulés sous les pieds ne seront pas dans
la construction d'un autre occiput ? Par conséquent
il y aurait compensation !... Il peut en être de même
pour toutes les conditions différentes de l'existence
dont vous me parlez ; les agents criminels des corps
pourront devenir plus tard des correcteurs de crimes
semblables, et ainsi de suite !... Nous ne pouvons
suivre tel nous le désirons ces myriades de transfor-
mations qui doivent concourir dans leur ensemble à
former un groupage meilleur, plus harmonique et
rétribué plus équitablement, du moins le croyons-
nous, tel est notre avis, puisse-t-il être le vôtre.

L'ÉLÈVE.

Vous venez d'agrandir mes méditations, je vous
en remercie.

LE PROFESSEUR.

La question du libre arbitre, dont nous venons de
traiter si superficiellement, exigerait des existences
pour être élucidée à fond ! Que de débats contradic-
toires n'a-t-elle pas soulevés ? Que de semblables
débats ne soulèvera-t-elle pas jusqu'à la fin des fins
Nous pensons que les moyens que nous proposons
pour arriver à cette *présumée solution* ne laissent
désirer que d'être acceptés et modifiés à l'occasion
par les francs-penseurs indépendants de toute école

pédagogique ;... nous résumons que le libre arbitre absolu est un non-sens !

Un faux libre arbitre imposé par les nécessités de la vie seul existe ; le moindre de nos choix nous met dans une dépendance de réciprocité ; le commandement et l'obéissance sont une seule et même chose. On commande parce qu'on est commandé soi-même par un besoin quelconque ; un repas commande à la faim de se taire, la faim commande à son tour au repas de la satisfaire !

Que ferions-nous tous généralement si nous ne nous aidions les uns les autres par nos relations sociales qui, plaçant chacun où il est, permet à tous d'être ce qu'ils sont ?

La vie en général est donc une partie engagée entre la liberté et l'esclavage, comme la lumière est une partie engagée avec les ténèbres. Chacune de ces deux dernières est esclave et libre en même temps ; l'homme est ce que sont ces deux contrastes.

Nous terminons en disant : Oui, les germes, en général, sont une association d'entrepreneurs de construction des formes matérielles !... association sous la puissance d'un chef qui est le *moi*, qui est l'âme, pour nous servir d'une dénomination usitée !

Nous nous permettons seulement de faire une réserve sur la durée de cette association ; nous pen-

sous qu'elle n'est pas indissoluble, et qu'elle permet
à ses membres de s'en retirer dans de certaines
conditions, ce qui peut, par ce fait, modifier les
pensées et les actions des êtres, mais ce qui, assurément, ne peut changer ni détruire la nature du
point central, du moi,... du chef enfin au nom
duquel s'exécutent les phases de la vie.

Le moi ne peut matériellement se prouver que
par sa forme, soit sous celle d'ovaire, de graine, de
rebouture et de semences diverses ; il s'offre dans ce
cas à notre vue dans sa plus grande simplicité, mais
aussi dans sa plus grande utilité !... Il dit à nos yeux
et à notre raison : tel que vous me voyez, je suis l'utilité de la composition matérielle de tout être, si, par
cette confection, je me présente plus tard à vous sous
une autre forme, sous un volume supérieur ; que
je possède une activité que je parais ne pas possé-
der en ce moment, c'est que des aides m'auront
prêté la main, auront étendu mon domaine de leur
propre ; c'est enfin, sans cesser d'être moi et eux
d'être eux, nous serons *nous*. Seul nom qui convient
au moi, qui est un composé d'êtres divers, *nous le
répétons*.

Admettons en plus que ce moi, qui a présidé à la
construction de l'être matériel, est en tout semblable
à un propriétaire qui, à l'occasion, peut partager sa
maison avec qui bon lui semble ; le moi peut faire
même un pied à terre de la sienne du monde spiri-

rituel qui agit dans elle, avec les mêmes droits et la même liberté que tout locataire de nos maisons matérielles quelconque le fait. Faculté qui se remarque dans les changements de manières de penser et d'agir des êtres, ce dont, ne pouvant nous en rendre compte ; ce que nous prenons pour être de la folie, de l'hallucination, de la possession. Nous sentons que toucher à cette question, c'est se jeter dans un labyrinthe sans issue, aussi en cessons-nous l'étude de peur de nous égarer et d'égarer le lecteur.

Juin 1879.

FIN

TABLE DES MATIÈRES

————

Paris, imprimerie JULIOT, rue de Vaugirard, 320. — Maison à Tours.

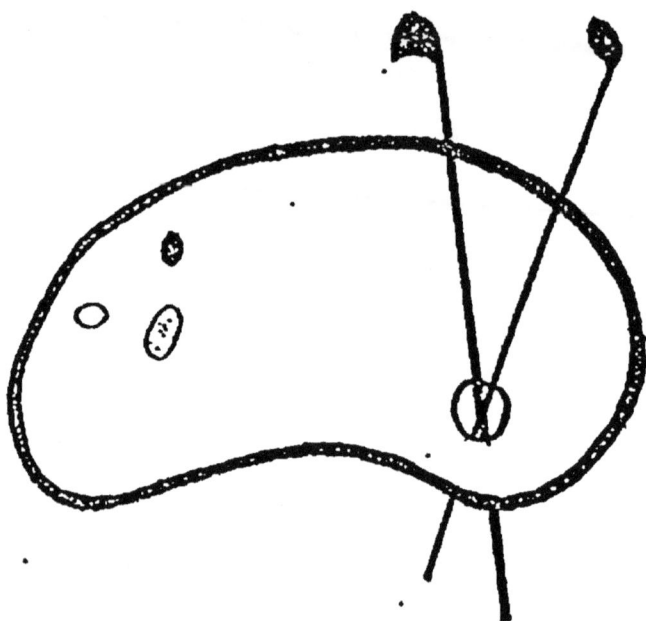

ORIGINAL EN COULEUR
NF Z 43-120-8